J Sp B Joseph
Kiely Miller, Barbara
Jefe Joseph

$21.00
ocn137222787
10/16/2008

D1607265

*Grandes Personajes*
# Jefe Joseph

## Barbara Kiely Miller

Consultora de lectura: Susan Nations, M.Ed., autora, tutora de alfabetización, consultora de desarrollo de la lectura

**WEEKLY READER**®
PUBLISHING

**Please visit our web site at: www.garethstevens.com**
For a free color catalog describing our list of high-quality books,
call 1-800-542-2595 (USA) or 1-800-387-3178 (Canada).

Library of Congress Cataloging-in-Publication Data

Kiely Miller, Barbara.
   [Chief Joseph. Spanish]
   Jefe Joseph / by Barbara Kiely Miller.
     p. cm. — (Grandes personajes)
   Includes bibliographical references and index.
   ISBN-13: 978-0-8368-8331-2 (lib. bdg.)
   ISBN-13: 978-0-8368-8338-1 (softcover)
   ISBN-10: 0-8368-8331-4 (lib. bdg.)
   ISBN-10: 0-8368-8338-1 (softcover)
   1. Joseph, Nez Percé Chief, 1840-1904—Juvenile literature.  2. Nez Percé Indians—
Kings and rulers—Biography—Juvenile literature.  3. Nez Percé Indians—Wars, 1877—
Juvenile literature.  I. Title.
   E99.N5J64518   2008
   979.5004'9741240092—dc22           2007021112

This edition first published in 2008 by
**Weekly Reader® Books**
An imprint of Gareth Stevens Publishing
1 Reader's Digest Road
Pleasantville, NY 10570-7000 USA

Managing editor: Valerie J. Weber
Art direction: Tammy West
Cover design and page layout: Charlie Dahl
Picture research: Sabrina Crewe
Production: Jessica Yanke
Translators: Tatiana Acosta and Guillermo Gutiérrez

Picture credits: Cover, title page The Granger Collection, New York; pp. 5, 7, 17, 20
Library of Congress; p. 6 Eric W. Valentine; pp. 9, 19 Washington State Historical Society,
Tacoma; pp. 10, 14 Stefan Chabluk and Charlie Dahl/© Gareth Stevens, Inc.; p. 12 L94-
7.105, Northwest Museum of Arts & Culture/Eastern Washington State Historical Society,
Spokane, Washington; pp. 13, 16 photo courtesy of National Park Service, Nez Perce
National Historical Park; p. 15 © North Wind Picture Archives; p. 21 © Bettmann/Corbis.

Printed in the United States of America

1 2 3 4 5 6 7 8 9 11 10 09 08 07

# Contenido

**Cubierta y portada:  El jefe Joseph fue un líder de los nez percé que luchó para proteger el territorio de su pueblo y el derecho de los indígenas americanos a tener las mismas leyes y libertades que otras personas.**

# Capítulo 1

## La vida de los nez percé

El jefe Joseph había liderado a los nez percé en su recorrido de 1,500 millas (2,400 kilómetros) a través de altas montañas y caudalosos ríos. Estos hombres, mujeres y niños habían sido perseguidos durante todo ese camino por soldados de Estados Unidos. La mayoría de los guerreros, que habían luchado contra los soldados, ya habían muerto. Rodeados por el ejército, ateridos de frío y hambrientos, los nez percé no podían huir ni luchar.

El jefe Joseph, que no quería que su pueblo siguiera sufriendo, decidió **rendirse**, y entregó sus armas al ejército de Estados Unidos. El jefe Joseph, un hombre noble y pacífico, se ganó el respeto de su pueblo, de los colonos blancos y de los líderes de Estados Unidos. Hoy es recordado como un gran líder de los indígenas americanos.

El jefe Joseph se convirtió en un símbolo de los nez percé, de su huida en busca de la libertad y de su deseo de paz.

**Varios ríos atraviesan el valle de Wallowa. En primavera, los nez percé pescaban salmones, y secaban algunos para comerlos durante el invierno.**

Joseph había nacido en 1840 en el valle de Wallowa, en el noreste de Oregón. Los nez percé habían vivido en el Noroeste durante cientos de años. Su territorio ocupaba más de 27,000 millas cuadradas (70,000 kilómetros cuadrados), e incluía también lo que son hoy el estado de Idaho y el sureste de Washington.

Los nez percé vivían en aldeas, en pequeños grupos llamados **bandas**. Cada banda elegía a un jefe principal que la representaba en tiempo de paz. Otros jefes planeaban cuándo y dónde debía luchar la banda. Todos los jefes tomaban sus decisiones conjuntamente. El padre de Joseph era un jefe principal.

En el verano, cuando vagaban por su territorio, los nez percé vivían en tipis. La tribu era famosa por sus caballos. Su manada era la más grande de América del Norte.

# Capítulo 2

## Amigos y enemigos

Los nez percé encontraron por primera vez hombres blancos en 1805, cuando los exploradores Meriwether Lewis y William Clark atravesaron su territorio. Los nez percé se mostraron amistosos y comerciaron con ellos y con los colonos blancos que llegaron más adelante.

Nuevos colonos blancos comenzaron a llegar al Noroeste. En 1855, el gobernador de la región firmó un acuerdo, o **tratado**, con los nez percé. Los indígenas tenían que renunciar a parte de sus tierras y, a cambio, se les permitía conservar una extensa zona. Esta zona recibió el nombre de **reserva**.

Este dibujo de 1855 muestra a los nez percé llegando a la firma del tratado con el gobernador Isaac Stevens.

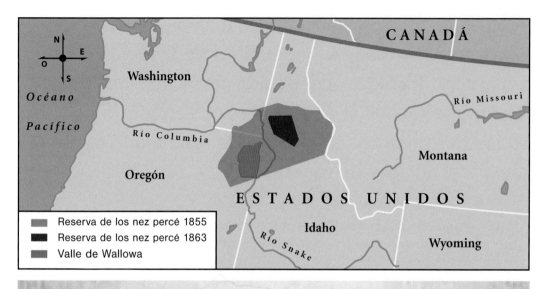

**En 1863, un nuevo tratado redujo considerablemente el tamaño de la reserva de los nez percé, que ya no incluía el valle de Wallowa.**

En 1860 se descubrió oro en la reserva de los nez percé, y miles de mineros y colonos invadieron sus tierras. El gobernador redactó un nuevo tratado, que despojaba a los nez percé de la mayor parte de las tierras que les quedaban y les concedía una diminuta reserva en Idaho. Algunos jefes firmaron el tratado. Sin embargo, el padre del jefe Joseph y otros jefes del valle de Wallowa se negaron a abandonar su territorio.

# Capítulo 3

## Un líder para un pueblo

En 1871, tras la muerte de su padre, Joseph se
convirtió en jefe principal. Joseph creía que los
problemas se resolvían con el diálogo. Sin embargo, en
mayo de 1877, el ejército anunció que si los nez percé
no abandonaban el valle de Wallowa, serían atacados.
El diálogo con los blancos ya no serviría de nada.
Joseph sabía que tenían que marcharse.

El jefe Joseph (*en el centro*) y sus guerreros condujeron a su pueblo hasta Idaho. Allí fueron atacados por soldados de Estados Unidos en White Bird Canyon.

Algunos guerreros, enojados por la pérdida de sus tierras, mataron a unos colonos. El jefe Joseph sabía que pronto empezaría una guerra con los blancos. Joseph, unos 250 guerreros y 500 mujeres y niños se dirigieron rápidamente hacia Idaho.

Unos cien soldados los persiguieron y los atacaron. Los guerreros nez percé mataron a muchos soldados.

Joseph decidió pedir ayuda a los crows, y llevó a los nez percé hacia el territorio crow atravesando las Montañas Rocosas. Los nez percé esperaban que el ejército de Estados Unidos no los siguiera. Sin embargo, una noche, mientras dormían, los soldados comenzaron a disparar. Muchos nez percé murieron, incluyendo unas cincuenta mujeres y niños.

**Estos palos de tipi en Big Hole, Montana, marcan el lugar donde el ejército mató a mujeres y niños nez percé mientras dormían.**

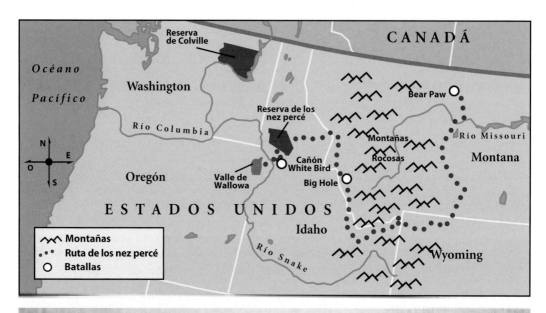

La línea roja punteada muestra la ruta que siguió el jefe Joseph para llevar a su pueblo hasta un lugar seguro en Canadá.

Cuando los crows se negaron a ayudar a los nez percé, el jefe Joseph y otros jefes decidieron ir a Canadá, ¡a una distancia de cientos de millas! Allí estarían seguros, porque el ejército de Estados Unidos no podía entrar en otro país.

Unos cinco mil soldados seguían ahora a los nez percé. Los jefes y guerreros se escondieron en las montañas, atacaron al ejército por la retaguardia, y lograron impedir que los soldados alcanzaran a los nez percé. Los oficiales del ejército estaban sorprendidos de que unos pocos guerreros pudieran resistir a todos sus hombres.

© North Wind Picture Archives

El general Oliver Howard y sus soldados persiguieron a los nez percé atravesando elevados pasos de montaña.

A finales de septiembre, los nez percé habían alcanzado Bear Paw, Montana. Canadá estaba sólo a 40 millas (64 km) de distancia. El grupo estaba agotado, aterido de frío y hambriento, y muchos habían muerto. El jefe Joseph decidió que debían descansar.

El 30 de septiembre, los soldados atacaron de nuevo. Tras cinco días de intensos combates, el jefe Joseph entendió que su pueblo no podía vencer ni escapar.

Ollukut, hermano del jefe Joseph, fue uno de los guerreros que murió en Bear Paw.

El 5 de octubre de 1877, el jefe Joseph se rindió. Éstas fueron sus palabras: "Estoy cansado de luchar. Nuestros jefes han muerto. Hace frío y no tenemos mantas. Los niños pequeños se mueren de frío. Mi corazón está enfermo y triste."

Cuando el jefe Joseph entregó su arma, dijo: "Ya nunca volveré a luchar". Su discurso de rendición es una de las declaraciones más famosas hechas por un indígena americano.

# Capítulo 4

## Un estadista para los nez percé

El jefe Joseph y el resto de su grupo se convirtieron en prisioneros de Estados Unidos. Fueron obligados a marchar cientos de millas hasta una reserva en Oklahoma. Allí el clima era muy caluroso, y muchos nez percé enfermaron. No tenían medicinas ni agua limpia. Muchos de los niños y ancianos murieron.

Cuando el jefe Joseph se rindió, el ejército había prometido que su pueblo podría regresar a su tierra natal. Dos años después, aún seguían en la reserva de Oklahoma. El incumplimiento de esa promesa entristecía a Joseph, que continuó luchando por el derecho de su pueblo a regresar a casa.

Hacia 1878, mientras seguían siendo prisioneros, el jefe Joseph y su familia posaron para esta fotografía.

En 1879, el jefe Joseph viajó a Washington, D.C., donde se reunió con el presidente y con otros líderes. Joseph entendió que a su pueblo no se le permitiría el regreso al valle de Wallowa. ¿Podrían vivir en algún otro lugar del Noroeste?, preguntó. También expresó su deseo de que los indígenas americanos tuvieran las mismas leyes que los hombres blancos. Debían tener libertad para viajar, trabajar y comerciar donde desearan.

Además del jefe Joseph, otros grupos de nez percé también se reunieron con líderes del gobierno en Washington, D.C.

En 1885, los nez percé de Oklahoma fueron devueltos finalmente al Noroeste. Algunos fueron a vivir a Idaho. Joseph y sus guerreros fueron a una reserva en Washington.

El 21 de septiembre de 1904, el jefe Joseph murió en la reserva. Hoy se le recuerda como un héroe de los nez percé y un líder en favor de la paz.

Al jefe Joseph nunca se le permitió regresar a su hogar en el valle de Wallowa. Cuando Joseph murió, un doctor dijo que había sido de tristeza.

# Glosario

**bandas** — grupos de indígenas americanos que viven juntos y eligen a un jefe y otros líderes

**Congreso** — parte del gobierno de Estados Unidos encargada de hacer las leyes

**gobernador** — persona elegida para gobernar una colonia o territorio

**noble** — se dice de una persona valiente, honrada y que antepone las necesidades de otros a las suyas

**rendición** — admisión de una derrota y entrega al enemigo

**representar** — actuar en nombre de otra persona o grupo

**reserva** — zona designada por el gobierno para un propósito especial.  En el pasado, los indígenas americanos eran concentrados o trasladados a reservas.

**tierra natal** — país o lugar donde una persona ha nacido

**tratado** — acuerdo entre naciones o pueblos

# Para más información

## Libros

*Chief Joseph.* Native American Legends (series). Don McLeese (Rourke Publishing)

*Chief Joseph: Nez Perce Peacekeeper.* Famous Native Americans (series). Diane Shaughnessy and Jack Carpenter (Rosen Publishing)

*Chief Joseph of the Nez Perce.* Photo-Illustrated Biographies (series). Bill McAuliffe (Capstone Press)

*The Nez Perce Tribe.* Native Peoples (series). Allison Lassieur (Capstone Press)

# Índice

## Información sobre la autora

Barbara Kiely Miller es correctora y escritora de libros educativos para niños, y se graduó en creación literaria en la Universidad de Wisconsin–Milwaukee. Barbara vive en Shorewood, Wisconsin, con su esposo y sus dos gatos: Ruby y Sophie. Cuando no está escribiendo o leyendo libros, Barbara disfruta practicando la fotografía, el ciclismo y la jardinería.